Ernst Probst

Uschi Glas - Deutschlands "Quotenqueen" auf dem Bildschirm

GRIN Verlag

Bibliografische Information der Deutschen Nationalbibliothek:

Die Deutsche Bibliothek verzeichnet diese Publikation in der Deutschen National-
bibliografie; detaillierte bibliografische Daten sind im Internet über http://dnb.d-
nb.de/ abrufbar.

Impressum:

Copyright © 2012 GRIN Verlag, Open Publishing GmbH
Druck und Bindung: Books on Demand GmbH, Norderstedt Germany
ISBN: 978-3-656-17498-1

Dieses Buch bei GRIN:

http://www.grin.com/de/e-book/192384/uschi-glas-deutschlands-quotenqueen-auf-
dem-bildschirm

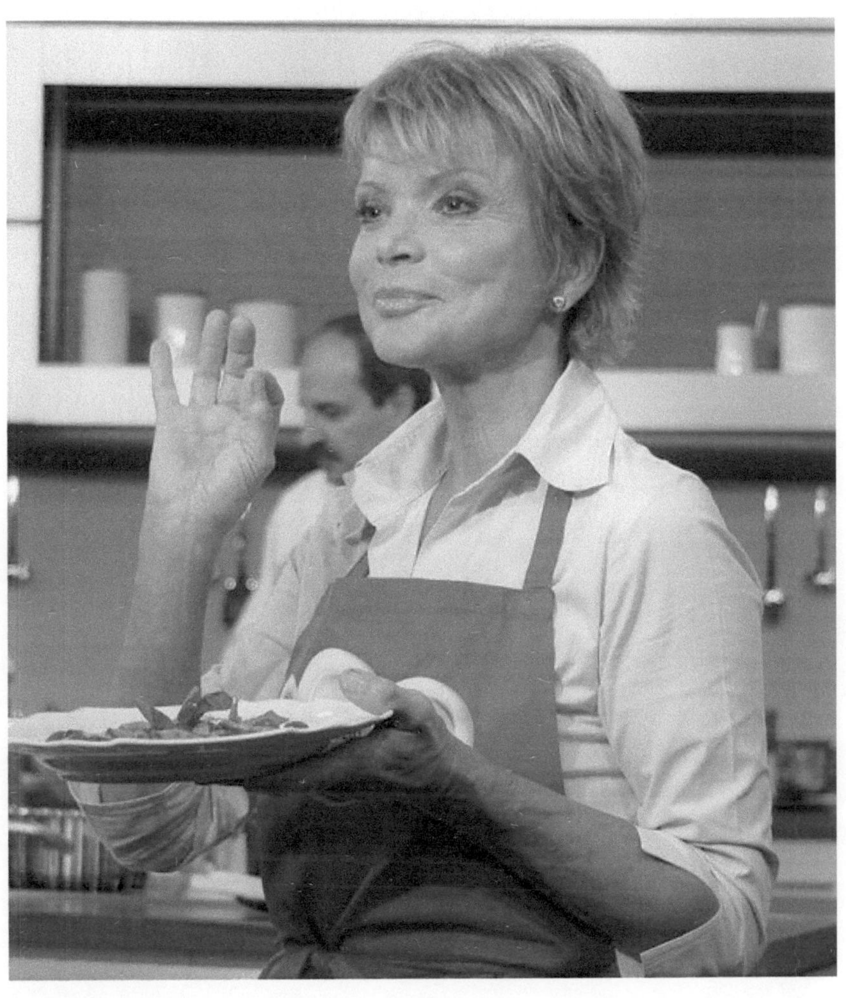

Uschi Glas

Ernst Probst

Uschi Glas

Deutschlands „Quotenqueen"
auf dem Bildschirm

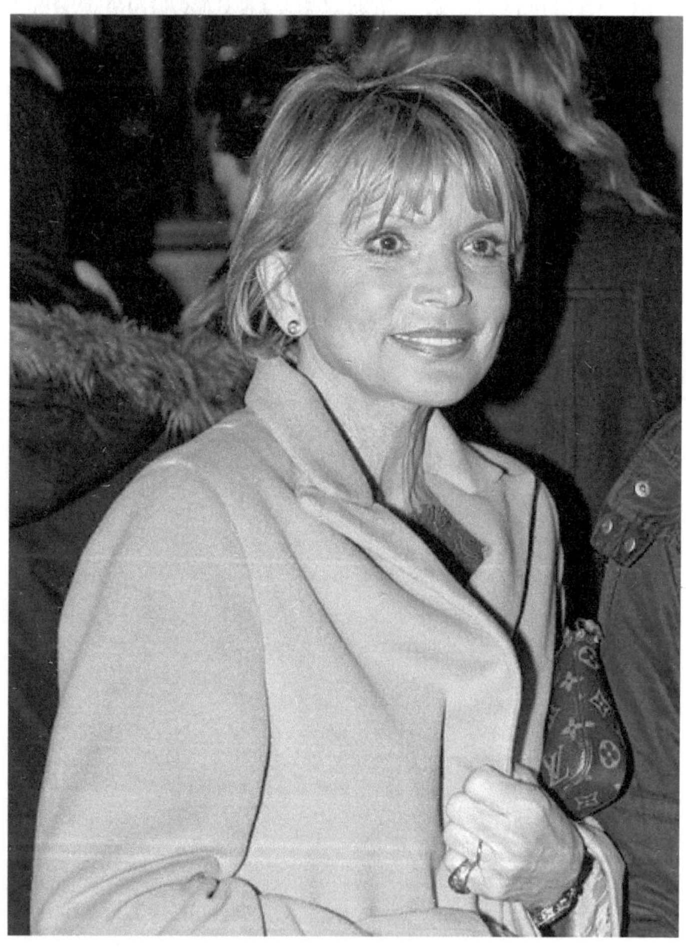

Uschi Glas

Uschi Glas

Deutschlands „Quotenqueen" auf dem Bildschirm

Als „Quotenkönigin des deutschen Fernsehens" gilt die Schauspielerin Uschi Glas. Mit ihren volkstümlichen Serien begeisterte sie ein Millionenpublikum. Manche Folge von „Anna Maria – eine Frau geht ihren Weg" des Privatsenders „Sat 1" übertraf an guten Tagen sogar die Zuschauerzahl der „Tagesschau" des „Ersten Deutschen Fernsehens" der „Arbeitsgemeinschaft der Rundfunkanstalten in Deutschland" („ARD"). Die künstlerische Karriere begann im Film.

Uschi Glas kam am 2. März 1944 in Landau an der Isar (Niederbayern) als jüngstes von vier Kindern zur Welt. Ihr Geburtsname ist Helga Ursula Glas. Ihr Vater Christian Glas arbeitete bei der Autofirma Hans Glas GmbH als Abteilungsleiter, war aber nicht mit der bekannten Unternehmerfamilie Glas verwandt. In der Realschule interessierte sich Uschi vor allem für Physik und Mathematik. Weil sie ihr niederbayerischer Dialekt störte, nahm sie bereits als Schülerin Sprachunterricht.

Nach dem Verlassen der Schule wollte Uschi Glas zunächst Innenarchitektin werden, begann dann aber in einem Architekturbüro ein Praktikum im technischen

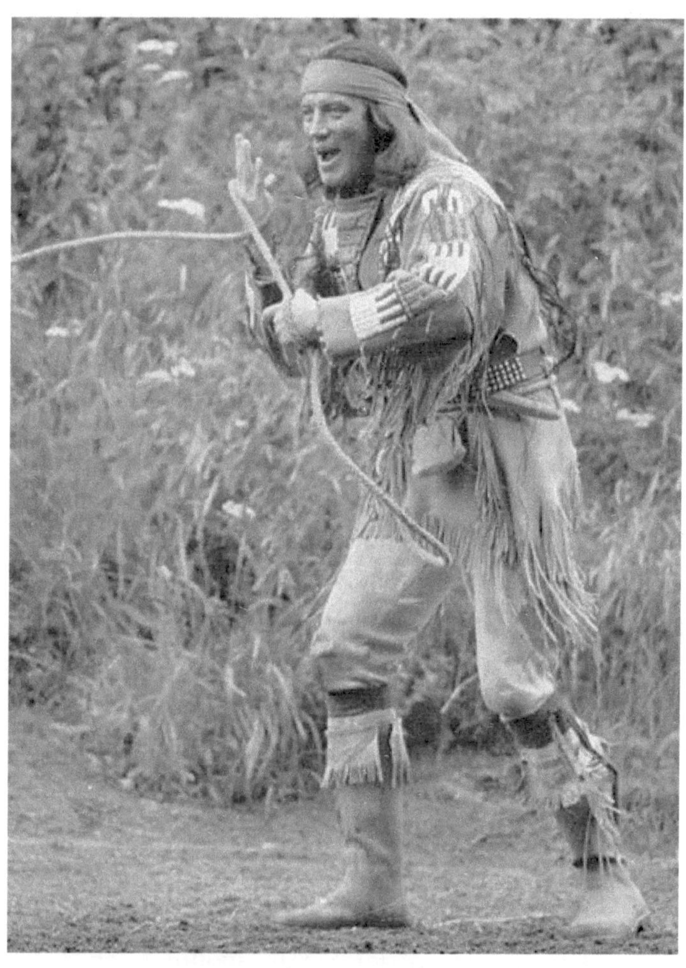

*Pierre Price als Winnetou
bei den „Karl-May-Festspielen Elspe"*

Zeichnen und in der Buchhaltung. Anfang 1960 verließ sie ihren Geburtsort Landau an der Isar und zog nach München. In der bayerischen Landeshauptstadt arbeitete sie als Sekretärin und nahm nebenher Schauspielunterricht bei Annemarie Hanschke, wobei sie mit Leuten aus der Filmbranche Kontakt bekam.

Als Entdecker von Uschi Glas gilt der Berliner Produzent Horst Wendtland (1922–2002), der sie für den Film „Der unheimliche Mönch" (1965) engagierte. Danach erhielt sie von Wendtland einen Ausbildungsvertrag und spielte zusammen mit Pierre Price, für den sie als Mädchen geschwärmt hatte, die weibliche Hauptrolle in dem Karl-May-Film „Winnetou und das Halbblut Apanatschi" (1966). Hinterher konnte man sie in „Das große Glück" (1967) und „Der Mönch mit der Peitsche" (1967) sehen. Zu jener Zeit – genauer gesagt von 1966 bis Ende 1970 – war Bobby Arnold ihr Lebensgefährte. Den Durchbruch in der künstlerischen Karriere von Uschi Glas brachte der Film „Zur Sache, Schätzchen" (1968) des Produzenten Peter Schamoni. Auf Wunsch des Regisseurs May Spils sollte sie sich in diesem Streifen nackt in einem Polizeirevier zeigen, doch sie kam diesem Ansinnen nicht nach und präsentierte sich „nur" mit einer engen Korsage bekleidet. Diesem Film verdankte sie ihr „Schätzchen"-Image. Fortan war sie ein viel beschäftigter Jungstar.

Es folgten unter anderem die Streifen „Die Lümmel von der ersten Bank" (1968), „Der Turm der verbotenen

Liebe" (1968), „Der Gorilla von Soho" (1968), „Immer Ärger mit den Paukern" (1968), „Zur Hölle mit den Paukern" (1968), „Klassenkeile" (1969), „Pepe, der Paukerschreck" (1969), „Der Kerl liebt mich – und das soll ich glauben" (1969) und „Hilfe, ich liebe Zwillinge" (1969).

In den 1970-er Jahren folgen viele weitere Kinofilme wie „Wir hau'n die Pauker in die Pfanne" (1970), „Hurra, unsere Eltern sind nicht da" (1970) „Die Feuerzangenbowle" (1970), „Die Weibchen" (1970), „Nachbarn sind zum Ärgern da" (1970), „Die Tote aus der Themse" (1971), „Wer zuletzt lacht, lacht am besten" (1971), „Wir hau'n den Hauswirt in die Pfanne" (1971), „Black Beauty" (1971), „Hilfe, die Verwandten kommen" (1971), „Wenn mein Schätzchen auf die Pauke haut" 1971), „Verliebte Ferien in Tirol" (1971), „Hochwürden drückt ein Auge zu" (1971), „Mensch ärgere dich nicht" (1972), „Das Rätsel des silbernen Halbmonds" 1972), „Letueur" (1972), „Die lustigen Vier von der Tankstelle" (1972), „Trubel um Trixi" (1972), „100 Fäuste und ein ‚'Vaterunser" (1972), „Ich denk' mich tritt ein Pferd" (1975) und „Waldrausch" 1977).

Zunächst galt Uschi Glas als Teil der aufmüpfigen 1968-er Generation. Doch bereits zu Beginn der 1970-er Jahre wandte sie sich der „Christlich-Sozialen Union" (CSU" zu. Noch heute hat sie eine konservative Gesinnung, was ihr bei politisch Andersdenkenden nicht nur Sympathie einbrachte.

1969 feierte Uschi Glas in dem Stück „Unsere liebste Freundin" in Düsseldorf ihre Theaterpremiere. Dabei half ihr der Sänger und Schauspieler Johannes Heesters (1903–2011) sehr. 1970 investierte sie ihr Geld in einer exklusiven Kindermoden-Boutique. Zwischen 1971 und 1973 war Max Graf Lamberg ihr Lebensgefährte.

Auf der Theaterbühne sah man Uschi Glas später auch in „Der Färber und sein Zwillingsbruder" (1975 in München), „Barfuß im Park" (1977 auf einer Tournee), „Pygmalion" (1980 in München), „Mary Mary" (1981), „Die Mittagsstunde" (1985 in München) und „Falscher Alarm" (1988 in München).

Auf dem Fernsehbildschirm trat Uschi Glas anfangs als Sängerin im „Goldenen Schuß" und in „Musik aus Studio B" auf. Später sah man sie in der „ARD"-Serie „Dem Täter auf der Spur" (1971), der „ZDF"-Serie „Der Kommissar" (1973), im „ARD"-Zweiteiler „Die Kette" (1977) von Francis Durbridge und in der „ARD"-Sendung „Apartment für Drei" (1979).

Zusammen mit dem Schauspieler Elmar Wepper bildete Uschi Glas in den 1970-er und 1980-er Jahren „das Traumpaar" des deutschen Fernsehens. Man sah sie ab 1978 als Ilona Heindl in der „ARD"-Serie „Polizeiinspektion 1", ab 1983 als Elfi Sommer in der „ZDF"-Serie „Unsere schönsten Jahre" und ab 1989 als Julia Sagerer in der „ZDF"-Unterhaltungsserie „Zwei Münchner in Hamburg". Letztere Serie erfreute sieben Millionen Zuschauer.

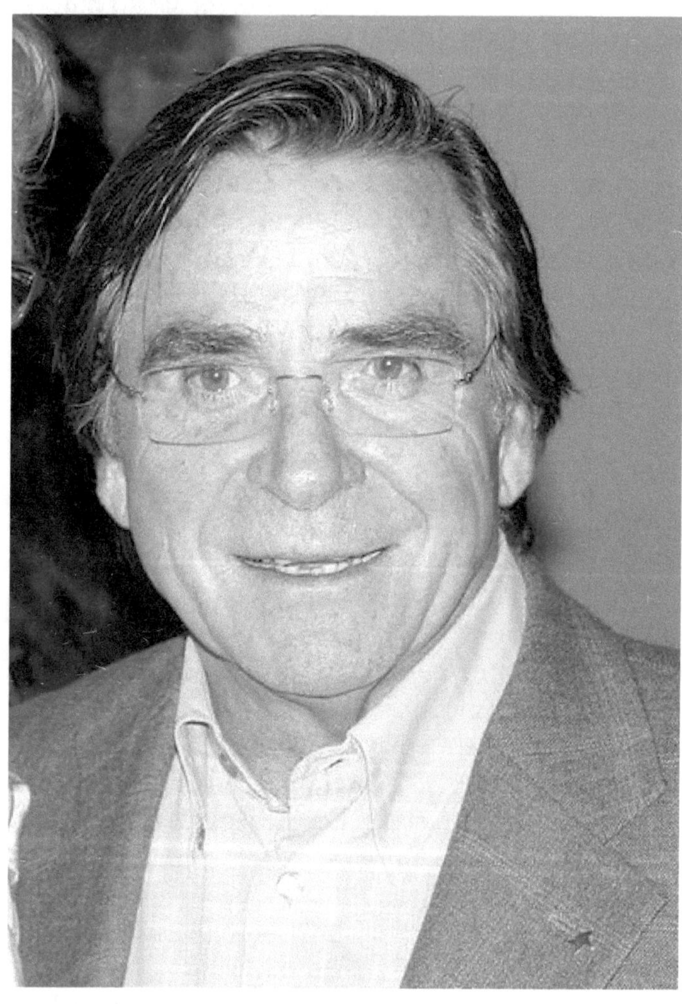

Elmar Wepper

Ende 1981 heiratete Uschi Glas den Münchner Film-kaufmann Bernd Tewag. Aus der Ehe gingen drei Kinder hervor: Benjamin Matthias Christian (geboren 1976), Alexander Christoph (geboren 1982) und Juliette Annamaria „Julia" (geboren 1986).
1990 wurden Uschi Glas und Elmar Wepper „als be-liebtestes und sympathischstes Paar im deutschen Fern-sehen" mit dem „Bambi" des Verlagshauses Burda ausgezeichnet. Ab Mitte 1992 sind zwölf neue Folgen für die Serie „Zwei Münchner in Hamburg" gedreht worden. 1992 verlieh man Uschi Glas für die positive Vermittlung des bayerischen Wesens in der Serie „Zwei Münchner in Hamburg" den Bayerischen Verdienst-orden.
Für die ab 1993 von dem Privatsender „RTL" gesendete Serie „Tierärztin Christine" schrieb Uschi Glas erstmals das Drehbuch. Auch die Grundidee für die im Oktober 1994 in „Sat 1" begonnene Serie „Anna Maria – eine Frau geht ihren Weg" stammt von ihr. Darin spielte sie eine von Luxus umgebene Unternehmergattin, die nach dem plötzlichen Tod ihres Mannes ihr Schicksal selbst in die Hand nimmt. Die Serie erreichte durchschnittlich zehn Millionen Zuschauer.
Die selbstbewusste und fähige Künstlerin erhielt für ihre schauspielerischen Leistungen viele bedeutende Auszeichnungen. Insgesamt verlieh man ihr sechsmal den „Goldenen Otto", zweimal den „Silbernen Otto", zweimal den „Bronzenen Otto", zweimal den „Bambi",

einmal den „Goldenen Gong", zweimal die „Goldene Kamera" und einmal die „Bronzene Kamera", dreimal die „Goldene Romy" und den Bayerfilmpreis.
Zu den Ehrungen von Uschi Glas gehören der „Bayerische Verdienstorden" und das in Österreich verliehene „Ehrenkreuz für Wissenschaft und Kunst". Im Oktober 1998 überreichte ihr der damalige Bundespräsident Roman Herzog das Bundesverdienstkreuz. Außerdem wählte man sie zur „deutschen Frau des Jahres 1995". Begeisterte Kritiker nannten sie „Traummutter der Nation" oder „Uschi nationale".
2007 veröffentlichte das Magazin „Maxim" Fotos der damals 59-jährigen Uschi Glas, auf denen sie in knappen Bikinis und Unterwäsche zu sehen war. Anfang 2004 erschien ihre Autobiografie „Mit einem Lächeln".
Am 21. Februar 2003 endete die erste Ehe von Uschi Glas mit Bernd Tewag. Die „Bild"-Zeitung berichtete monatelang detailliert über die Scheidung.
Im April 2004 machte Uschi Glas mit einer von ihr vermarkteten Kosmetikserie negative Schlagzeilen. Bei einem Test der Stiftung „Warentest" waren bei mehreren Testerinnen der „Uschi Glas hautnah Face Cream", die im Fernsehen durch den Homeshopping-Sender „HSE24" angeboten wurde, Reizungen und Entzündungen der Gesichtshaut aufgetreten. Deswegen bezeichnete die „Stiftung Warentest" diese Gesichtscreme als mangelhaft und warnte vor ihrer Anwendung. Klagen der Herstellerfirma „4S-Marketing GmbH" gegen die

weitere Verbreitung dieses Testergebnisses wurden 2005 und 2006 abgewiesen.

Erfolglos endete auch eine Klage von Uschi Glas gegen die Berliner Polizei, die für ihre Ermittlungen im Bereich der Internet-Pornografie ihre Daten benutzt haben soll. Angeblich hatten Polizeibeamte die Nummer des Personalausweises von Uschi Glas, der in einer Zeitschrift abgedruckt war, verwendet, um den Jugendschutzmechanisus einer derartigen Internetseite zu überprüfen. Im Juni 2005 wurde die Klage über 20.000 Euro Schmerzensgeld vom Kammergericht Berlin abgewiesen.

Am 22. Oktober 2005 schloss Uschi Glas ihre zweite Ehe mit dem Unternehmensberater Dieter Hermann. Gemeinsam mit ihrem Ehemann sitzt sie im Vorstand des Vereins „BrotZeit e.V.", der Schulfrühstücke für Grundschulkinder sponsert. Für ihr jahrelanges Engagement und die Gründung von „BrotZeit e.V." erhielten Uschi Glas und Dieter Hermann 2009 von „Kinderlachen" den „Kind-Award". Uschi Glas ist auch Schirmherrin der Patientenschutzorganisation „Deutsche Hospiz-Stiftung", die sich für Schwerst-kranke und Sterbende einsetzt. Zudem engagiert sie sich für das Team der Augsburger Benefiz-Fußballelf „Datschiburger Kickers", die Fundraising für wohltätige Zwecke betreibt.

Kino- und Fernsehfilme von Uschi Glas

1965: Der unheimliche Mönch
1966: Winnetou und das Halbblut Apanatschi
1967: Das große Glück
1967: Der Mönch mit der Peitsche
1968: Zur Sache, Schätzchen
1968: Der Gorilla von Soho
1968: Immer Ärger mit den Paukern
1968: Der Turm der verbotenen Liebe
1968: Zur Hölle mit den Paukern
1969: Klassenkeile
1969: Pepe, der Paukerschreck
1969: Der Kerl liebt mich – und das soll ich glauben?
1969: Hilfe, ich liebe Zwillinge!
1970: Wir hau'n die Pauker in die Pfanne
1970: Hurra, unsere Eltern sind nicht da
1970: Die Feuerzangenbowle
1970: Die Weibchen
1970: Nachbarn sind zum Ärgern da
1971: Die Tote aus der Themse
1971: Wer zuletzt lacht, lacht am besten
1971: Wir hau'n den Hauswirt in die Pfanne
1971: Black Beauty

1971: Hilfe, die Verwandten kommen
1971: Wenn mein Schätzchen auf die Pauke haut
1971: Verliebte Ferien in Tirol
1971: Hochwürden drückt ein Auge zu
1972: Mensch ärgere dich nicht
1972: Das Rätsel des silbernen Halbmonds
1972: Le tueur
1972: Die lustigen Vier von der Tankstelle
1972: Trubel um Trixie
1972: 100 Fäuste und ein Vaterunser
1973: Der Kommissar, Folge: Ein Mädchen nachts
auf der Straße (TV-Serie)
1975: Jedermanns Weihnachtsbaum (TV)
1975: Ich denk', mich tritt ein Pferd
1976: Derrick, Folge: Angst (TV-Serie)
1977: Waldrausch
1977: Die Kette (TV)
1978: Der Alte, Folge: Ein Koffer (TV-Serie)
1978: Die blaue Maus (TV)
1983: Flöhe hüten ist leichter (TV)
1983–1985: Unsere schönsten Jahre
1983–1988: Polizeiinspektion 1
1984: Die Wiesingers (TV-Serie)
1984: Mama Mia – Nur keine Panik
1984: Mensch ohne Fahrschein (TV)
1989–1993: Zwei Münchner in Hamburg
1991: Das größte Fest des Lebens (TV)
1992: Widerspenstige Viktoria (TV)

1992–1993: Ein Schloß am Wörthersee (TV-Serie)
1993: Tierärztin Christine (TV)
1993: Anna Maria – Eine Frau geht ihren Weg (TV-Serie)
1995: Tierärztin Christine II: Die Versuchung (TV)
1997: 60 Minuten Todesangst (TV)
1997: Frucht der Gewalt (TV)
1997: Mein Papa ist kein Mörder (TV)
1997: Blutige Rache (TV)
1997: Staatsanwältin Hohenberg (TV-Serie)
1998: Fröhliche Chaoten
1998: Tierärztin Christine III: Abenteuer in Südafrika
1998–2000: Sylvia – Eine Klasse für sich (TV-Serie)
1999: Heimlicher Tanz (TV)
2001: Die Erpressung – Ein teuflischer Pakt (TV)
2002: Klinik unter Palmen (TV-Serie)
2003: Drei unter einer Decke (TV)
2003: Alles Glück dieser Erde
2004–2006: Zwei am großen See (TV-Serie)
2005: Felix, ein Hase auf Weltreise (nur Sprechrolle)
2005: SOKO 5113, Folge: Ein Engel stirbt
2005: Utta Danella: Eine Liebe im September (TV-Serie)
2008: Das Traumhotel, Folge: Karibik
2008: Wieder daheim (TV)
2008: Zur Sache, Lena! (TV-Vierteiler)
2008: Meine liebe Familie (TV-Mehrteiler)
2009: Ein Fall für zwei (TV-Serie, 1 Episode)

2010: Diese Frau von vorhin (TV)
2011: Für immer daheim (TV)
2011: Der Winzerkrieg (TV)
2012: Sprung ins Glück (TV)

Quelle: Wikipedia

Theaterauftritte von Uschi Glas

1968: Unsere liebste Freundin (mit Johannes
Heesters, Anna Teluren, Regie: Alfons Höckmann)
1974: Vater einer Tochter (mit Karl Schönböck,
Regie: Harald Leipnitz)
1975: Zweimal Hochzeit (mit Siegfried Rauch, Claus
Wilcke, Regie: Jürgen Wölffer)
1975: Der Färber und sein Zwillingsbruder (mit Josef
Meinrad, Regie: Axel von Ambesser)
1978: Barfuß im Park (mit Horst Janson, Gerda-
Maria Jürgens)
1978: Spiel mit dem Feuer (mit Harald Juhnke, Regie:
Jürgen Wölffer)
1979: Barfuß im Park
1979: Spiel mit dem Feuer
1980: Pygmalion (mit Karl-Heinz Vosgerau, Fee von
Reichlin, Hilde Volk, Erik Ode, Alexander Golling,
Regie: Rolf von Sydow)
1980: Mary-Mary (mit Michael Hinz, Viktoria
Brahms, Regie: Horst Sachtleben)
1981: Mary-Mary
1982: Mary-Mary
1983: Mittagsstunde (mit Horst Naumann, Regie:
Horst Sachtleben)

1984: Mittagsstunde
1985: Mittagsstunde
1989: Falscher Alarm (mit Karl-Heinz Vosgerau,
Regie: Horst Sachtleben)
2006: Vermischte Gefühle (mit Michael Hinz, Regie:
Horst Sachtleben)

Quelle: Wikipedia

Auszeichnungen von Uschi Glas

1967: Bravo Otto in Bronze
1969: Bambi
1969: Bravo Otto in Gold
1970: Bravo Otto in Gold
1971: Bravo Otto in Gold
1972: Bravo Otto in Gold (2x)
1973: Bravo Otto in Gold
1974: Bravo Otto in Silber
1976: Bravo Otto in Bronze
1977: Bravo Otto in Silber
1984: Goldene Kamera in der Kategorie Bester
Fernsehliebling (weiblich) (3. Platz der HÖRZU-
Leserwahl)
1990: Goldene Kamera in der Kategorie Beliebtester
Seriendarstellerin (1. Platz der HÖRZU-Leserwahl)
1990: Bambi
1990: Romy als Beliebteste Schauspielerin
1992: Romy als Beliebtester Serienstar
1992: Bayerischer Verdienstorden
1993: Romy als Beliebtester Serienstar
1995: Goldene Kamera in der Kategorie Beste
Schauspielerin

1995: Bayerischer Fernsehpreis Ehrenpreis
1997: Goldener Gong
1998: Österreichisches Ehrenkreuz für Wissenschaft
und Kunst
1998: Bundesverdienstkreuz 1. Klasse
1998: Goldener Gong
1999: Courage-Preis
2005: Brisant Brillant für ihr Soziales Engagement
2005: Wissenschaftspreis „Laien schaffen Wissen"
des Hamburger Umweltinstitutes e.V.
2007: Aufnahme in der HALL OF FAME bei der
DIVA-Preisverleihung 2007
2008: Bayerischer Bierorden[
2009: KIND-Award National von Kinderlachen
2011: Bayerische Staatsmedaille für soziale Verdienste
2012: Orden „Wider die Neidhammel", für ihre
darstellerischen Leistungen

Quelle: Wikipedia

Literatur

AHRENS, Herbert: Im Gespräch: Uschi Glas. Allgemeine Zeitung, 27. September 1969, Mainz
FEMBIO Frauen-Biographie-Forschung
http://www.fembio.org
INTERNET MOVIE DATABASE
(Film-Datenbank) http://www.imdb.com
PROBST, Ernst: Superfrauen 7 – Film und Theater, Mainz-Kostheim 2001
PUBLIKUMSLIEBLINGE NICHT NUR VON GESTERN http://www.steffi-line.de
Internetseite von Stephanie D'heil, Düsseldorf
WIKIPEDIA (Online-Lexikon) http://wikipedia.org
WINNERT, Derek (Herausgeber): Kino. Die große Welt der Filme und Stars, Niedernhausen 1995

Bildquellen

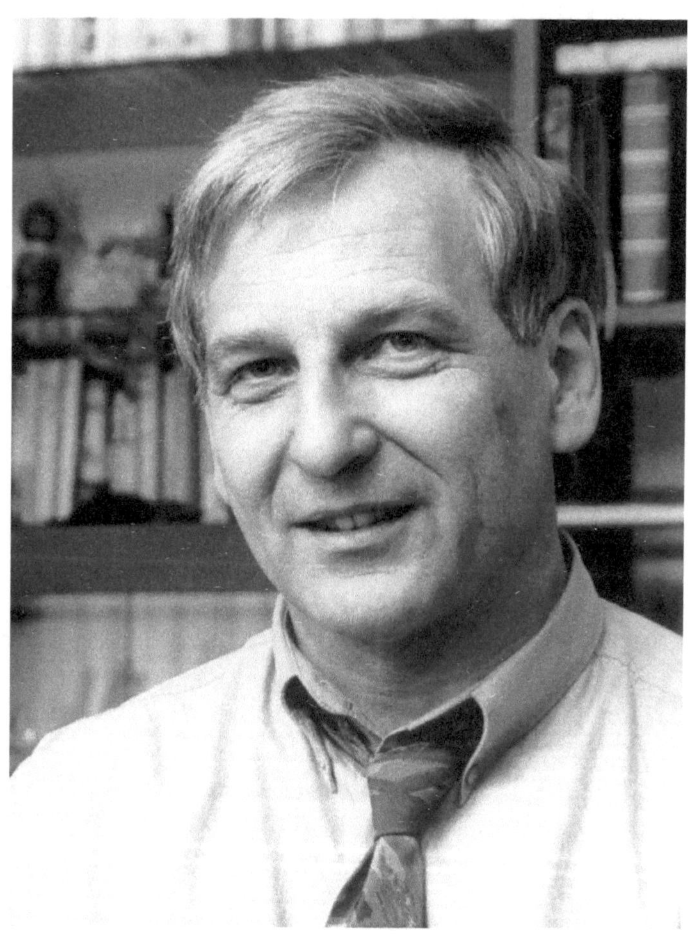

Autor Ernst Probst

Der Autor Ernst Probst

Ernst Probst, geboren am 20. Januar 1946 in Neunburg vorm Wald im bayerischen Regierungsbezirk Oberpfalz, ist Journalist und Wissenschaftsautor. Er arbeitete von 1968 bis 1971 als Redakteur bei den „Nürnberger Nachrichten", von 1971 bis 1973 in der Zentralredaktion des „Ring Nordbayerischer Tageszeitungen" in Bayreuth und von 1973 bis 2001 bei der „Allgemeinen Zeitung", Mainz. In seiner Freizeit schrieb er Artikel für die „Frankfurter Allgemeine Zeitung", „Süddeutsche Zeitung", „Die Welt", „Frankfurter Rundschau", „Neue Zürcher Zeitung", „Tages-Anzeiger", Zürich, „Salzburger Nachrichten", „Die Zeit", „Rheinischer Merkur", „Deutsches Allgemeines Sonntagsblatt", „bild der wissenschaft", „kosmos", „Deutsche Presse-Agentur" (dpa), „Associated Press" (AP) und den „Deutschen Forschungsdienst" (df). Aus seiner Feder stammen die Bücher „Deutschland in der Urzeit" (1986), „Deutschland in der Steinzeit" (1991) und „Deutschland in der Bronzezeit" (1996). Von 2001 bis 2006 betätigte sich Ernst Probst als Buchverleger sowie zeitweise als internationaler Fossilienhändler und Antiquitätenhändler. Insgesamt veröffentlichte er rund 200 Bücher, Taschenbücher, Broschüren und E-Books.

Bücher von Ernst Probst

(Auswahl)

Als Mainz noch nicht am Rhein lag

Annie Oakley
Die Meisterschützin des Wilden Westens

Archaeopteryx. Der Urvogel
aus Bayern

Christl-Marie Schultes. Die erste Fliegerin in Bayern
(zusammen mit Theo Lederer)

Cortés und Malinche. Der spanische Eroberer
und seine indianische Geliebte

Der Europäische Jaguar

Der Mosbacher Löwe
Die riesige Raubkatze aus Wiesbaden

Der Rhein-Elefant
Das Schreckenstier von Eppelsheim

Die Dolchzahnkatze Megantereon

Die Dolchzahnkatze Smilodon

Die Säbelzahnkatze Homotherium

Die Säbelzahnkatze Machairodus

Die Schweiz in der Frühbronzezeit

Die Rhône-Kultur in der Westschweiz

Die Arbon-Kultur in der Schweiz

Die Schweiz in der Mittelbronzezeit

Die Schweiz in der Spätbronzezeit

Dinosaurier von A bis K. Von Abelisaurus
bis zu Kritosaurus

Dinosaurier von L bis Z. Von Labocania
bis zu Zupaysaurus

Eiszeitliche Geparde in Deutschland

Eiszeitliche Leoparden in Deutschland

Frauen im Weltall

Hildegard von Bingen. Die deutsche Prophetin

Höhlenlöwen. Raubkatzen
im Eiszeitalter

Julchen Blasius
Die Räuberbraut des Schinderhannes

Katharina II. die Große.
Die Deutsche auf dem Zarenthron

Johann Jakob Kaup
Der große Naturforscher aus Darmstadt

Königinnen der Lüfte in Deutschland

Königinnen der Lüfte in Europa

Königinnen der Lüfte in Amerika

Königinnen der Lüfte von A bis Z

Rund 70 Kurzbiografien berühmter Fliegerinnen,
Ballonfahrerinnen, Luftschifferinnen,
Fallschirmspringerinnen, Astronautinnen und
Kosmonautinnen

Königinnen des Films

Königinnen des Tanzes

Königinnen des Theaters

Malende Superfrauen

Meine Worte sind wie die Sterne

Die Entstehung der Rede des Häuptlings Seattle
(zusammen mit Sonja Probst)

Monstern auf der Spur
Wie die Sagen über Drachen, Riesen
und Einhörner entstanden

Neues vom Ur-Rhein
Interview mit dem Geologen und Paläontologen
Dr. Jens Sommer

Österreich in der Frühbronzezeit

Österreich in der Mittelbronzezeit

Österreich in der Spätbronzezeit

Pompadour und Dubarry. Die Mätressen
von Louis XV.

Raub-Dinosaurier von A bis Z.
Mit Zeichnungen von Dmitry Bogdanav
und Nobu Tamura

Rekorde der Urmenschen
Erfindungen, Kunst und Religion

Rekorde der Urzeit
Landschaften, Pflanzen und Tiere

Säbelzahnkatzen. Von Machairodus
bis zu Smilodon

Säbelzahntiger am Ur-Rhein. Machairodus
und Paramachairodus

Superfrauen aus dem Wilden Westen

Superfrauen 1 – Geschichte

Superfrauen 2 – Religion

Superfrauen 3 – Politik

Superfrauen 4 – Wirtschaft und Verkehr

Superfrauen 5 – Wissenschaft

Superfrauen 6 – Medizin

Superfrauen 7 – Film und Theater

Superfrauen 8 – Literatur

Superfrauen 9 – Malerei und Fotografie

Superfrauen 10 – Musik und Tanz

Superfrauen 11 – Feminismus und Familie

Superfrauen 12 – Sport

Superfrauen 13 – Mode und Kosmetik

Superfrauen 14 – Medien und Astrologie

Tony und Bruno Werntgen. Zwei Leben für die Luftfahrt
(zusammen mit Paul Wirtz)

Was ist ein Menhir?
Interview mit dem Mainzer Archäologen
Dr. Detert Zylmann

Weisheiten der Indianer

Wer ist der kleinste Dinosaurier?
Interviews mit dem Wissenschaftsautor Ernst Probst

Wer war der Stammvater der Insekten?
Interview mit dem Stuttgarter Biologen
und Paläontologen Dr. Günther Bechly

Zenobia von Palmyra.
Eine Frau kämpft gegen die Römer

Bestellungen bei: http://www.grin.com